Märchenfrau
erzähl mir was

Meine allerersten
Märchen

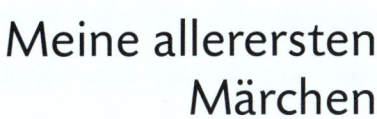

Illustriert von Heike Vogel

esslinger

Nacherzählt von Dörte Beutler, Annegret Hägele,
Sibylle Schumann und Sylvia Tress

Mehr über unsere Bücher, Autoren und Illustratoren unter www.esslinger-verlag.de

Märchenfrau erzähl mir was – Meine allerersten Märchen
ISBN 978-3-480-23373-1

Grafische Gestaltung: Satz Studio Angelika Schön
Reproduktion: Schwabenrepro GmbH
Druck und Bindung: Livonia Print, Riga, Lettland

2. Auflage 2017

© 2017 Esslinger
in der Thienemann-Esslinger Verlag GmbH
Blumenstraße 36, 70182 Stuttgart
Printed in Latvia

Inhaltsverzeichnis

Das hässliche Entlein

Es war einmal eine Ente, die saß schon viele Tage am Ufer eines Baches auf ihrem Nest und brütete. Aber die Küken wollten einfach nicht schlüpfen. Da – endlich – knackte es leise und ein Ei zersprang. Und kurz darauf folgten die anderen. Heraus purzelten mit lautem „Piep, piep" niedliche gelbe Entenkinder. Nur ein Ei, das größte von allen, lag noch heil im Nest. Geduldig setzte sich die Ente wieder darauf und brütete weiter. Warum brauchte das Ei bloß so lange?

Doch dann brach auch das letzte Ei auf und mit einem „Piep, piep" kletterte das Junge heraus. Aber wie sah es nur aus? Es war groß, ganz grau und nicht so hübsch wie die anderen. Die Entenmutter freute sich auch über das jüngste Küken. Seine Geschwister aber ärgerten das graue Entlein, wo sie nur konnten. Sie wollten nicht mit ihm spielen und schnatterten böse: „Du bist viel zu groß und hässlich, wir mögen dich nicht!"
Und auch die großen Enten lachten es aus. Das kleine Entlein war sehr traurig, weil es so anders war und keiner es mochte.

So beschloss das arme Entlein fortzulaufen. Es kam zu einem großen Moor, wo wilde Enten und Gänse lebten. Auch diese wussten nichts mit ihm anzufangen. Kein Tier, dem es begegnete, hatte je von einem grauen Entenküken gehört.

Das Entlein gelangte schließlich zu einem alten, schiefen Bauernhaus. „Vielleicht kann ich dort ein Zuhause finden", dachte es und schlüpfte hinein. In dem Haus lebte eine alte Frau mit einem Kater und einer Henne. Beide waren der Frau lieb und teuer: der Kater, weil er so schön schnurren konnte und die Henne, weil sie täglich ein Ei legte. Als die Frau das graue Entlein erblickte, hoffte sie, dass es auch Eier legen würde. Aber es legte nicht ein einziges.

Bald fingen der Kater und die Henne an, das Entlein zu ärgern. Da dachte es bei sich: „Ich habe zwar ein Dach über dem Kopf, aber wer weiß, was passiert, wenn die Frau merkt, dass ich keine Eier legen kann. Der Kater und die Henne verspotten mich nur. Außerdem möchte ich so gerne raus in die Sonne, im Wasser schwimmen, tauchen und plantschen."

Eines Tages stand die Tür einen Spalt auf und das Entlein schlüpfte hinaus. Das Entlein lief über die Wiese zum See, sprang ins Wasser, schwamm glücklich seine Runden und tauchte bis zum Grund. Schließlich fand es ein Versteck im Schilf. Dort lebte es den ganzen Sommer lang. Da es aber so hässlich war, beachteten es die anderen Vögel und Tiere überhaupt nicht.

Es wurde Herbst und die Tage und Nächte wurden kälter. Eines Abends, als die Sonne unterging, sah das Entlein viele große Vögel in den Himmel hinaufsteigen und wegfliegen. Noch nie hatte es so schöne Tiere gesehen!

Das Entlein wusste nicht, dass es Schwäne waren, die sich auf den Weg Richtung Süden machten, um dort den Winter zu verbringen. Das Entlein sah ihnen hinterher und konnte sie nicht mehr vergessen. Es wünschte sich, auch einmal so schön zu sein und mit den Schwänen davonfliegen zu können.

Schließlich kam der Winter übers Land und es wurde bitterkalt. Das Entlein fror fürchterlich. Aber es überstand den Winter mit Müh und Not. Als das Frühjahr kam, lag das Entlein schwach im Schilf am Ufer des Sees.

Die ersten Sonnenstrahlen wärmten es und gaben ihm Kraft. Eines Tages stand das Entlein auf und hob seine Flügel. Wie überrascht es war, als es auf einmal fliegen konnte! Es schwang sich in die Lüfte empor und flog zu einem nahe gelegenen Fluss. Auf dem Wasser schwammen vier wunderschöne weiße Schwäne vorbei. „Ich möchte so gerne zu ihnen gehören", dachte es, „aber bestimmt werden sie mich nur ärgern und auslachen." Schließlich traute sich das Entlein doch und flog zu den Schwänen. Es landete im Wasser, neigte ängstlich seinen Kopf und sah dabei sein Spiegelbild. Da blickte ihm jedoch kein hässliches Entlein mehr entgegen, sondern ein schöner weißer Schwan!

Die Schwäne begrüßten den jungen Schwan freundlich und von nun an lebte das Entlein, das die ganze Zeit über ein Schwanenkind gewesen war, mit ihnen. Die anderen Tiere und auch die Menschen bewunderten ihn wegen seiner Schönheit. Sie sagten sogar, er sei der schönste von allen. Und der Schwan dachte bei sich: „Solch ein Glück hätte ich mir nie träumen lassen, als ich noch ein hässliches Entlein war!"

Die Sterntaler

Es war einmal ein kleines Mädchen, dem waren Vater und Mutter gestorben. Das Mädchen war so arm, dass es kein Zimmerchen hatte, um darin zu wohnen und kein Bettchen, in dem es schlafen konnte. Es besaß nur noch die Kleider, die es am Leib trug und ein Stücklein Brot, das es geschenkt bekommen hatte. Das Mädchen aber war gut und freundlich zu jedermann. Und weil es doch niemanden mehr hatte, ging es hinaus in die Welt.

Auf seinem Weg begegnete ihm ein armer Mann, der bat: „Ach, bitte, gib mir etwas zu essen, ich bin so hungrig." Er tat dem Mädchen leid und so gab sie ihm das ganze Stück Brot und ging weiter.

Bald traf es ein Kind, das jammerte und sprach: „Es friert mich so an meinem Kopfe, schenk mir etwas, womit ich ihn bedecken kann." Da tat das Mädchen seine Mütze ab und gab sie dem Kind.

Und als es noch eine Weile gegangen war, da begegnete ihm wieder ein Kind, das zitterte vor Kälte. Das Mädchen zog sein Jäckchen aus und schenkte es dem Kind. Dem nächsten gab es sein Röcklein, damit es sich wärmen konnte.

Nach einer Weile kam das Mädchen in einen Wald. Schon war es dunkel geworden, doch der Mond schien hell durch die Bäume. Es dauerte nicht lange, bis ihm abermals ein Kind begegnete, und auch dem war bitterkalt. Das Mädchen dachte bei sich: ‚Es ist dunkle Nacht, da sieht mich keiner, da kann ich wohl mein Hemdchen hergeben.' Und so zog es sein Hemd aus und reichte es dem fremden Kind.

Als das Mädchen aber nun im Wald stand und gar nichts mehr hatte, da fielen auf einmal die Sterne vom Himmel herab und waren blanke Taler. Und obwohl das gute Mädchen alles weggegeben hatte, trug es nun ein neues, wunderschönes Kleid, das war von feinstem Linnen. So sammelte es die Taler in sein Schürzchen und war reich für sein Lebtag.

Hänsel und Gretel

Es war einmal ein armer Holzfäller, der wohnte mit seinen beiden Kindern Hänsel und Gretel in einer kleinen Hütte am Waldrand. Die Mutter war schon früh gestorben und so hatte der Vater ein zweites Mal geheiratet. Die Familie war so arm, dass es an allen Ecken am Nötigsten fehlte.

Eines Abends sagte der Mann zu seiner Frau: „Was soll nur aus uns werden? Wir haben nicht mehr genug zu essen für uns und unsere Kinder!"
Die Frau antwortete: „Dann müssen wir die Kinder loswerden. Am besten bringen wir sie in den Wald und lassen sie dort allein zurück. Sonst müssen wir alle Hungers sterben."
Der Plan der Stiefmutter tat dem Vater im Herzen weh, doch sie ließ ihm keine Ruhe, bis er schließlich nachgab. Die beiden Kinder aber konnten in dieser Nacht vor Hunger nicht einschlafen und hatten jedes Wort gehört. Gretel weinte, doch Hänsel sprach zu ihr: „Hab keine Angst, ich hole von draußen weiße Kieselsteinchen. Wir werfen diese heimlich auf den Weg, damit wir wieder nach Hause zurückfinden."

Am nächsten Morgen ließ Hänsel auf dem Weg in den Wald alle paar Schritte ein Kieselsteinchen fallen. Als sie mitten im Wald angekommen waren, machten Vater und Mutter ein Feuer und sprachen: „Wartet hier auf uns, bis wir von der Arbeit zurückkommen."

Da saßen die Kinder und meinten, Axtschläge zu hören. Aber es war nur ein trockener Ast, den der Wind hin und her schlug. Es wurde Abend, doch die Eltern kamen nicht zurück. Gretel weinte und fürchtete sich sehr. Da nahm Hänsel sein Schwesterchen bei der Hand und ging den Kieselsteinen nach, die im Mondlicht schimmerten und ihnen den Weg nach Hause zeigten. Die Stiefmutter war gar nicht froh, die beiden wiederzusehen.

Bald schon war die Not im Haus des Holzfällers wieder groß. Da brachten die Eltern die Kinder noch tiefer in den Wald. Hänsel hatte keine Steinchen holen können und warf daher kleine Brotstückchen auf den Weg. Doch dieses Mal konnten die Kinder am Abend den Weg nach Hause nicht finden. Denn die Vögel des Waldes hatten alle Brotstückchen aufgepickt!

Lange irrten die Kinder durch den dunklen Wald, bis sie an ein kleines Haus gelangten. Es war ganz aus Kuchen und Zuckerwerk gebaut! Als Hänsel gerade ein Stück vom Dach abbrechen wollte, rief eine Stimme: „Knusper, knusper, knäuschen, wer knuspert an meinem Häuschen?" Die Kinder antworteten: „Der Wind, der Wind, das himmlische Kind!" Da erschien eine bucklige, alte Frau an der Tür, die sie freundlich einlud, hereinzukommen. Aber in Wirklichkeit war die Alte eine böse Hexe. Als die Kinder schliefen, packte sie Hänsel und sperrte ihn in einen Käfig. Dann ging sie zu Gretel und rief: „Koche deinem Bruder etwas Gutes, damit er schön dick wird. Denn ich will ihn braten und dann aufessen!"

Die arme Gretel musste tun, was die böse Hexe verlangte. Von nun an ging die Hexe jeden Morgen zu Hänsel, um an seinem Finger zu testen, ob er schon fett genug war. Der schlaue Hänsel aber streckte der Alten nur einen Hühnerknochen entgegen. Da die Hexe nicht gut sehen konnte, bemerkte sie es nicht und wunderte sich, dass der Junge gar nicht dicker wurde.

Eines Tages wollte die Hexe nicht länger warten und machte Feuer im Backofen. Sie rief Gretel und sagte: „Kriech hinein und schau nach, ob das Feuer schön brennt!"

Gretel ahnte, was die Hexe mit ihr vorhatte und stellte sich dumm: „Ich weiß aber nicht, wie ich da hineinkomme. Zeig du es mir!"

Schimpfend steckte die Hexe ihren Kopf in den Backofen. Da gab Gretel ihr einen kräftigen Stoß, sodass sie in den Ofen fiel und verbrannte.

Gretel lief schnell zu Hänsel und befreite ihn. Die beiden fielen sich um den Hals vor lauter Freude.

Dann gingen sie in das Häuschen der Hexe und füllten ihre Taschen mit Perlen und Edelsteinen. Als diese voll waren, machten sie sich auf den Weg nach Hause. Sie liefen und liefen, bis sie schließlich das Haus ihres Vaters erblickten. Die böse Stiefmutter war inzwischen gestorben.

Der Vater schloss seine beiden Kinder fest in die Arme und alle drei lebten glücklich bis an ihr Lebensende.

Der Froschkönig

Es war einmal eine Königstochter, die besaß eine schöne, goldene Kugel, das war ihr liebstes Spielzeug. Sie warf die Kugel hoch in die Luft und fing sie gleich wieder auf. Eines Nachmittags aber fiel die goldene Kugel nicht in ihre ausgestreckte Hand, sondern schlug hart auf die Erde und rollte in einen Brunnen hinein. Der Brunnen war aber so tief, dass sie den Grund nicht sehen konnte. Die goldene Kugel war verloren!
Da fing die Königstochter an, bitterlich zu weinen und konnte sich nicht trösten.

Wie sie so saß und weinte, schaute ein Frosch aus dem Brunnen und fragte: „Königstochter, was gibst du mir, wenn ich dir die Kugel wiederbringe?"
Die Prinzessin wollte ihn mit Perlen und Edelsteinen belohnen. Doch der Frosch wünschte sich, ihr Spielkamerad zu werden und mit ihr auf dem Schloss zu wohnen. Die Prinzessin versprach es und der Frosch holte die goldene Kugel herauf.

Glücklich nahm die Königstochter die Kugel an sich, rannte davon und dachte gar nicht daran, den Frosch mitzunehmen.

Am nächsten Tag aber, als die Prinzessin mit dem König und den Edelleuten im Schloss beim Abendessen saß, klopfte es an der Tür. Sie hörte eine Stimme rufen: „Königstochter, jüngste, mach mir auf." Schnell sprang sie zur Türe. Doch als sie sah, dass der Frosch davor saß, warf sie die Türe schnell wieder zu.

Der König fragte verwundert: „Was ist, mein Kind, warum fürchtest du dich? Steht etwa ein Riese vor der Tür?"

„Nein", antwortete die Königstochter, „kein Riese, aber ein garstiger Frosch."

Da klopfte es wieder. Und der Frosch rief: „Königstochter, jüngste, mach mir auf. Weißt du nicht, was du mir gestern versprochen hast?"

„Was will der Frosch von dir?", fragte der König. Da erzählte die Königstochter die ganze Geschichte.

Und als der König alles gehört hatte, sagte er streng: „Was du versprochen hast, musst du auch halten. Hol ihn herein."

Die Königstochter musste den Frosch auf den Tisch neben ihren Teller setzen und mit ihm essen. Doch man sah ihr an, dass sie es gar nicht gerne tat.

Der Frosch dagegen aß mit großem Appetit und als er müde war, verlangte er: „Trag mich in dein Kämmerlein, da wollen wir uns schlafen legen."
Die Prinzessin erschrak, denn sie wollte den kalten, nassen Frosch nicht in ihrem schönen Bettchen haben.
Doch der König sagte: „Wer dir geholfen hat, als du in Not warst, den sollst du danach nicht verachten."

So trug sie den Frosch mit spitzen Fingern in ihre Kammer und setzte ihn in eine Ecke.

Doch als sie zu Bette ging, hüpfte er heran und sagte: „Ich will auch in deinem gemütlichen Bett schlafen. Heb mich hinauf, sonst sage ich es deinem Vater."

Da wurde die Königstochter bitterböse. Sie hob den Frosch auf und warf ihn mit aller Kraft an die Wand. „Nun wirst du wohl Ruhe geben, du garstiger Frosch!"

Doch als er herabfiel, war er kein Frosch mehr, sondern ein schöner Prinz.
Er sah die Königstochter freundlich an und erzählte, dass ihn vor langer
Zeit eine böse Hexe verzaubert hatte. Und nur eine Prinzessin
konnte ihn erlösen.
Als der König dies erfuhr, gab er seine Tochter dem Prinzen zur Frau.
Sie hielten Hochzeit und der Prinz nahm seine Braut mit in sein Königreich.
Dort lebten sie lange glücklich und zufrieden.

Goldlöckchen  und die drei Bären

Es war einmal ein kleines, freches Mädchen, das hatte den ganzen Kopf voll allerliebster, goldblonder Locken und wurde von daher „Goldlöckchen" genannt. Eines Tages kochte die Mutter Marmelade und rief nach Goldlöckchen, damit sie ihr zur Hand ging. Doch Goldlöckchen hatte keine Lust zu helfen und schlich heimlich hinaus in den Wald.

Sie pflückte Blumen und lief tiefer und tiefer in den Wald hinein. Als sie eine Weile gegangen war, kam sie an ein gemütliches kleines Häuschen. Die Tür stand offen und weil Goldlöckchen sehr neugierig war, ging sie einfach hinein.

Das Häuschen gehörte drei Bären: Papa-Bär, Mama-Bär und dem kleinen Baby-Bär. An diesem Morgen machten die Bären gerade einen Spaziergang, da ihr Frühstücksbrei noch abkühlen musste. Sie hatten gerade das Haus verlassen, als Goldlöckchen eintrat.

Innen war das Häuschen so nett und einladend wie außen – und wie duftete es nach leckerem Brei! Goldlöckchen ging in die Küche und freute sich, als sie auf dem Tisch drei Schüsselchen entdeckte, denn sie hatte großen Hunger!

Zuerst kostete sie aus Papa Bärs großer Schüssel. „Aua", rief sie, „das ist viel zu heiß!", und spuckte den Brei einfach wieder aus. Dann versuchte sie es mit der mittelgroßen Schüssel von Mama-Bär. „Igitt", sagte sie, „der ist ja schon kalt". Schließlich kostete Goldlöckchen aus der kleinsten Schüssel, die gehörte Baby-Bär. Da sagte sie nichts mehr, denn sie war viel zu beschäftigt damit, alles aufzuessen. Der Brei war nämlich genau richtig.

Da Goldlöckchen nach dem langen Spaziergang ganz erschöpft war, wollte sie sich ein bisschen hinsetzen. Im Wohnzimmer entdeckte sie drei Stühle. Zuerst setzte sie sich auf Papa-Bärs großen Stuhl, stand aber gleich wieder auf. „Dieser Stuhl ist viel zu hart!"

Dann setzte sie sich auf den mittelgroßen Stuhl. „Dieser Stuhl ist viel zu weich!", beklagte sie sich.

Schließlich setzte sie sich auf den kleinen Schaukelstuhl und da fühlte sie sich rundum wohl. Sie schaukelte wild und wilder. Plötzlich krachte es und das Stühlchen war zerbrochen.

„Jetzt muss ich mich von dem Schreck aber erholen", murmelte Goldlöckchen und stieg die Treppe hoch ins Schlafzimmer. Dort standen drei gemütliche Betten. Zuerst stieg Goldlöckchen ins größte Bett und sprang auf der Matratze auf und ab.

„Dieses Bett gefällt mir nicht!", rief sie. „Es ist viel zu hoch." Das mittlere Bett gefiel ihr ebenfalls nicht, denn es war zu tief. Schließlich versuchte Goldlöckchen es mit dem kleinsten Bettchen, das gehörte Baby-Bär und es war einfach perfekt.

Und schon war sie tief und fest eingeschlafen.

Die drei Bären aber kamen nun von ihrem Spaziergang zurück. Als sie heimkehrten, sahen sie gleich, dass etwas nicht stimmte. „Wer hat von meinem Brei gegessen?", brummte Papa-Bär mit tiefer Stimme.

„Wer hat von meinem Brei gegessen?", fragte Mama-Bär ärgerlich.

„Und wer hat meinen Brei ganz aufgegessen?", quiekte Baby-Bär mit seinem hohen Stimmchen. „Es ist ja nichts mehr da!"

Verärgert gingen die drei Bären ins Wohnzimmer. „Wer hat auf meinem Stuhl gesessen!", brummte Papa-Bär.

„Wer hat nur auf meinem Stuhl gesessen?", wunderte sich Mama-Bär.

„Und wer hat mein Stühlchen ganz kaputt gemacht?", weinte Baby-Bär.

Die Bären liefen die Treppe hinauf, um oben nachzusehen. „Wer hat in meinem Bett gelegen?", fragte Papa-Bär empört.

„Wer hat nur in meinem Bett gelegen?", rief Mama-Bär.

„Und wer schläft da in meinem Bett?", quiekte Baby-Bär „Schaut mal, sie liegt noch immer drin!"

In diesem Augenblick wachte Goldlöckchen auf. Sie sah, dass drei sehr ärgerliche Bärengesichter auf sie herabblickten und sprang aus dem Bett. Schnell rannte sie aus dem Haus, durch den Wald und hörte erst auf zu rennen, als sie zu Hause bei ihrer Mutter war.

Von nun an lief Goldlöckchen nie wieder alleine in den Wald und wurde ein braves, ordentliches Kind.

 Dornröschen

Vor vielen Jahren lebten ein König und eine Königin, die wünschten sich sehnlichst ein Kind. Als sie endlich eine Tochter bekamen, gaben sie vor Freude ein großes Fest, zu dem auch die guten Feen eingeladen wurden, damit sie das Kind mit ihren Wundergaben beschenkten.

Da der König aber nur zwölf goldene Teller besaß, wurde beschlossen, dass eine der Feen zu Hause bleiben musste.

Es wurde ein schönes Fest und die zwölf Feen schenkten der kleinen Prinzessin ihre Wundergaben: Tugend, Schönheit, Reichtum und alles, was man sich sonst noch wünschen kann.
Als elf Feen ihren Wunsch ausgesprochen hatten, ging die Türe auf und die dreizehnte Fee stürmte herein. Sie war böse, weil sie keine Einladung bekommen hatte und rief voller Zorn: „Wenn die Königstochter fünfzehn Jahre als ist, soll sie sich an einer Spindel stechen und tot umfallen." Dann verschwand die Fee.

Alle waren sehr erschrocken. Da trat die zwölfte Fee, die ihren Wunsch noch übrig hatte, herbei. Sie sagte: „Ich kann den Wunsch nicht zurücknehmen, aber mildern. Die Prinzessin soll nicht tot sein, sondern hundert Jahre schlafen."

Die Eltern hatten große Sorge um ihre Tochter und ließen alle Spindeln im ganzen Königreich verbieten. Die Prinzessin wuchs heran und alle guten Wünsche der Feen erfüllten sich. An ihrem fünfzehnten Geburtstag aber geschah es, dass die Eltern nicht zu Hause waren und die Prinzessin eine Zeit lang alleine war. Sie ging durch das ganze Schloss und schaute in jedes Zimmer und in jede Kammer hinein. Schließlich kam sie zu einem Turm.

Im Turmzimmer saß eine alte Frau an einem Spinnrad.
Die Prinzessin fragte: „Guten Tag, Mütterchen, was machst du da?"
Die Frau antwortete: „Ich spinne einen Faden."

Die Prinzessin wollte es selbst einmal versuchen und nahm die Spindel in die Hand. Doch kaum hatte sie die Spindel berührt, stach sie sich in den Finger. Da fiel die Prinzessin in einen tiefen Schlaf und das ganze Schloss mit ihr. Die Eltern, die gerade heimgekommen waren, schliefen ein. Die Pferde im Stall, die Hunde im Hof, die Tauben auf dem Dach und sogar die Fliegen an der Wand schliefen plötzlich tief und fest. Der Braten im Ofen hörte auf zu brutzeln und auch der Koch, der gerade dem Küchenjungen eine Ohrfeige geben wollte, schlief auf der Stelle ein.

Um das Schloss aber wuchs eine dichte Dornenhecke, die Jahr für Jahr höher wurde. Sie war schließlich so hoch, dass nicht einmal mehr die Fahne auf dem Turm zu sehen war. Im ganzen Land erzählte man sich von dem Schloss hinter der Dornenhecke und von der wunderschönen Prinzessin, die in einem der Zimmer schlief. Sie wurde deshalb von allen Dornröschen genannt.

Oft hatten junge Königssöhne versucht, durch die Hecke in das Schloss zu gelangen, um Dornröschen zu erlösen. Doch selbst die Stärksten konnten die Hecke nicht durchdringen.

Eines Tages kam ein junger, schöner Prinz in das Land und man erzählte ihm die Geschichte vom schönen, schlafenden Dornröschen.

Da sprach der Prinz: „Ich fürchte mich nicht!"

Und als er sich der Dornenhecke näherte, waren die hundert Jahre gerade um und die Dornen verwandelten sich in große, schöne Blumen. Die Hecke öffnete sich und er betrat das Schloss. Schließlich fand der Prinz das Zimmer im alten Turm. Er öffnete die Tür und sah das schlafende Dornröschen. Dem Prinzen gefiel die Königstochter so sehr, dass er zu ihr ging und sie küsste.

Da schlug Dornröschen die Augen auf und sah ihn freundlich an. Mit ihr waren alle Schlossbewohner aufgewacht: Das Königspaar erwachte, die Pferde im Stall erhoben sich, die Hund bellten, der Braten fing wieder an zu brutzeln und der Koch gab dem Küchenjungen doch noch eine Ohrfeige.

Mit aller Pracht wurde die Hochzeit von Dornröschen und ihrem Prinzen gefeiert und sie lebten vergnügt bis an ihr Lebensende.

Rapunzel

Es lebten einmal ein Mann und eine Frau, die wünschten sich schon lange ein Kind und endlich sollten sie eines bekommen. Die beiden lebten in einem kleinen Haus. Von dort konnte man in einen prächtigen Garten sehen. Doch der Garten gehörte einer Zauberin und es war allen verboten ihn zu betreten.

Eines Tages stand die Frau am Fenster und sah in den schönen Garten. Da entdeckte sie ein großes Beet voll saftiger Rapunzeln und bekam solch großen Appetit davon zu essen, dass sie ihren Mann in den Garten schickte, um ihr welche zu holen.

Doch plötzlich stand die Zauberin neben ihm und rief: „Wie kannst du es wagen, mir meine Rapunzeln zu stehlen?"

„Ach", antwortet der Mann, „lasst Gnade vor Recht ergehen. Ich tat es nur für meine Frau, die erwartet ein Kind."

Da sah ihn die Zauberin nachdenklich an und sagte: „Nimm Rapunzeln so viel du willst, doch musst du mir dafür das Kind geben, das deine Frau zur Welt bringt. Ich will gut für es sorgen."

Aus Angst stimmt der Mann zu und als das Mädchen geboren wurde, kam die Zauberin, nahm es mit sich fort und gab ihm den Namen Rapunzel.

Das Mädchen wuchs heran, war freundlich und wunderschön. Als sie zwölf Jahre alt wurde schloss es die Zauberin in einen hohen Turm ein, der keinen Eingang hatte, nur ganz oben ein kleines Fensterlein.

Wenn die Zauberin hinein-
wollte, rief sie: „Rapunzel,
Rapunzel, lass dein Haar
herab."
Dann band Rapunzel
ihre langen, goldenen
Zöpfe los und ließ die
Alte an ihren Haaren
hinaufklettern.
Eines Tages ritt ein
Königssohn durch
den Wald und hörte
einen solch lieblichen
Gesang, dass er sein
Pferd anhielt und lausch-
te. Das war Rapunzel, die
sang, um sich die Zeit zu
vertreiben. Der Königs-
sohn entdeckte den
Turm, doch er fand
keinen Eingang.
Da kam die Zaube-
rin und er versteckte sich
schnell hinter einem Baum.
Die Alte rief: „Rapunzel, Rapunzel, lass dein Haar herab."

Wie staunte der Königssohn als er sah, wie sie den Turm hinaufkletterte. Er beschloss, es am nächsten Tag selbst zu versuchen. Als es Abend wurde, kam er zum Turm und rief: „Rapunzel, Rapunzel, lass dein Haar herab." Und als die langen Locken die Erde berührten, stieg er daran hinauf. Rapunzel war zunächst sehr erschrocken, als der Königssohn zu ihr hereinkam, doch er erzählte, dass er ihren Gesang gehört hatte und sie unbedingt sehen wollte. Dann fragte er, ob sie seine Frau werden wolle und Rapunzel sagte Ja. Lange überlegten sie, wie Rapunzel nur den Turm verlassen könnte. Da sagte sie: „Bring jedes Mal, wenn du mich besuchen kommst, einen Strang Seide mit, daraus will ich eine Leiter flechten. Wenn sie lang genug ist, steige ich hinab und du nimmst mich auf dein Pferd."

So kam nun jeden Abend der Königssohn und besuchte seine Braut. Die alte Zauberin merkte auch nichts davon, bis Rapunzel einmal unbesonnen sprach: „Wie kommt es nur, dass Sie so schwer sind? Der junge Königssohn lässt sich viel leichter heraufziehen!"

„Oh, du undankbares Kind!", rief die Zauberin zornig. „Du hast mich die ganze Zeit betrogen." Sie griff nach Rapunzels langem Haar und schnitt es ab. Dann brachte sie Rapunzel in ein weit entfernes Land.

Am Abend aber kam der Prinz und rief: „Rapunzel, lass dein Haar herab!" Da ließ die Zauberin den abgeschnittenen Zopf hinab. Doch als er oben ankam, wartete die böse Zauberin und rief höhnisch: „So, deine Liebste willst du holen, doch der schöne Vogel singt nicht mehr. Die Katze hat ihn geholt und wird dir nun die Augen zerkratzen!"

Aus Angst und Enttäuschung sprang der Königssohn vom Turm herab. Er überlebte, doch die Dornen zerkratzten ihm die Augen und er wurde blind. Viele Jahre irrte er einsam durch die Welt, bis er in ein weit entfernes Land kam. Dort hörte er eine feine Stimme lieblich singen, die kam ihm bekannt vor. Voller Freude ging er den Lauten nach, bis er an Rapunzels Häuschen gelangte. Als er herankam, erkannte sie ihn gleich wieder, fiel ihm um den Hals und weinte vor Freude. Als ihre Tränen seine Augen berührten, konnte er wieder sehen und führte Rapunzel überglücklich nach Hause in sein Königreich. Dort lebten sie noch lange glücklich und zufrieden.